tafann na dtonn
the barking waves

haiku
Gabriel Rosenstock

tafann na dtonn
the barking waves

grianghraif/photography
Ron Rosenstock

tafann na dtonn : the barking waves

Foilsithe in 2024 ag

ARLEN HOUSE
42 Grange Abbey Road
Baldoyle, D13 A0F3
Éire
Fón: 00 353 86 8360236
Ríomhphost: arlenhouse@gmail.com
www.arlenhouse.ie

978–1–85132–327–2, bog

Dáileoirí idirnáisiúnta
SYRACUSE UNIVERSITY PRESS
621 Skytop Road, Suite 110
Syracuse
New York 13244–5290
USA
Fón: 315–443–5534
Ríomhphost: supress@syr.edu
www.syracuseuniversitypress.syr.edu

Clóchur ¦ Arlen House

Grianghraif an chlúdaigh: Ron Rosenstock

Tá Arlen House buíoch de
Chlár na Leabhar Gaeilge
agus d'Fhoras na Gaeilge

Clár

Preface

American master photographer Ron Rosenstock has been coming to County Mayo for over half a century where the Westport region opened up its secret heart to him. Irish poet Gabriel Rosenstock has been responding to Ron's work with bilingual haiku for much of that fruitful period.

Réamhfhocal

Tá an sárghrianghrafadóir Meiriceánach Ron Rosenstock ag teacht go Maigh Eo le breis is leathchéad bliain anuas. D'oscail ceantar Chathair na Mart a chroí dó, orlach ar orlach, i gcaitheamh an ama sin. Tá an file Gaeilge Gabriel Rosenstock ag freagairt do shaothar Ron le breis is dhá scór bliain anuas agus tá toradh a gcomhoibre le feiceáil ar bhlag an fhile, i leabhair éagsúla agus anseo.

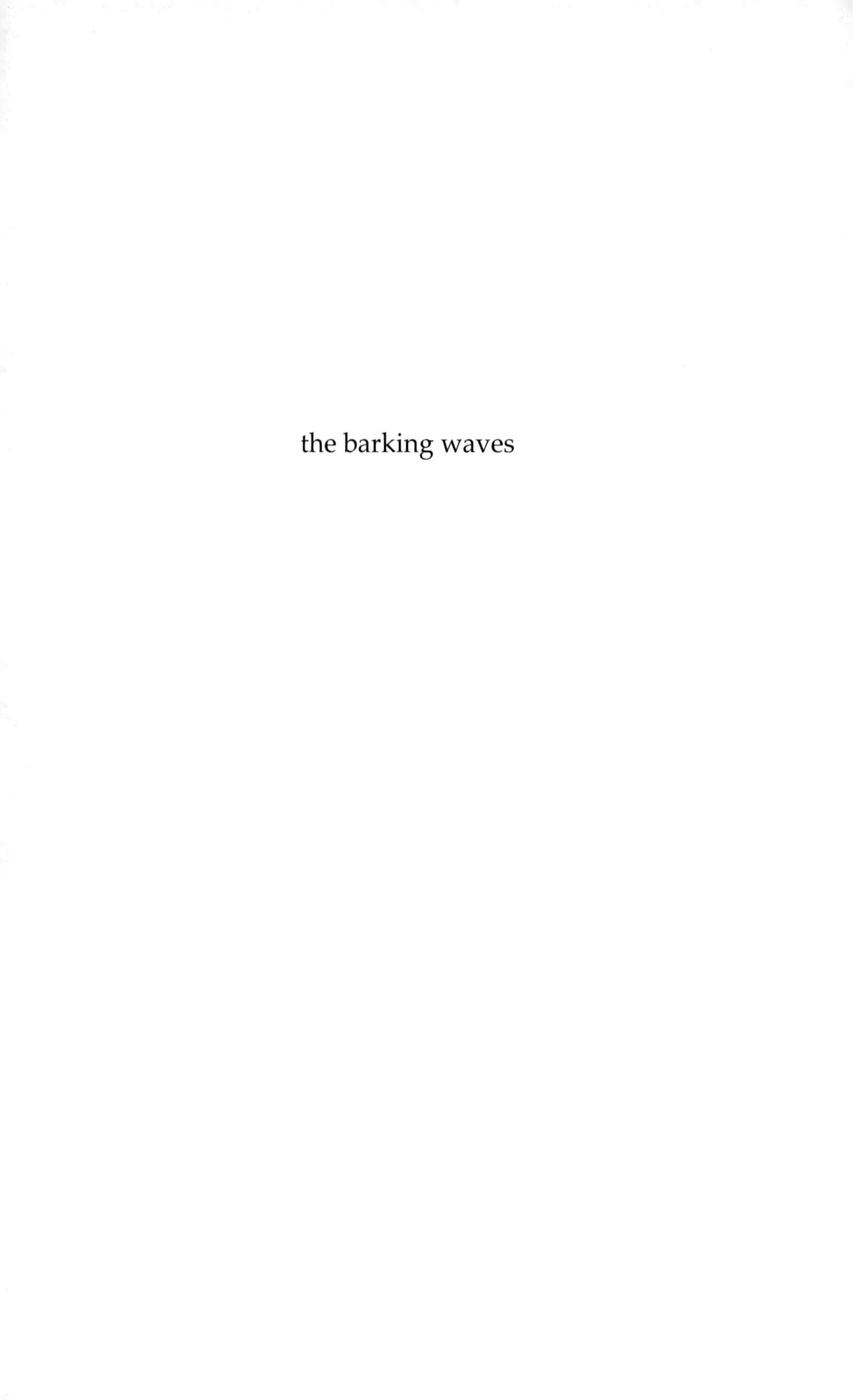

the barking waves

tafann na dtonn

faic ag tarlú
faic na ngrást
an Bhearna Bhán

nothing happening
nothing at all ...
Barnabaun

Conga
trína chéile ar fad!
an chéad rud eile an ghrian

Cong
all mixed up!
suddenly the sun shines through

Dúloch
an tost á bhá
ann féin

Doo Lough
silence drowning
in itself

ní buan
d'aon ní
an scarúint féin

nothing lasts
not even
separation

na daoine maithe, an ea?
tá an áit dubh leo ...
sceach gheal faoi bhláth

fairies, is it?
the place is thick with them ...
whitethorn in bloom

cá bhfuil na mairbh?
gaetha solais
i gcoill

where are the dead?
shafts of light
in a wood

dá mbeadh caint ag na clocha
sráidbhaile tréigthe ...
Acail

if stones could speak ...
deserted village
Achill Island

bhí sé riamh
bunoscionn –
Cuan Mó

it has always been
upside down –
Clew Bay

Foraois Chonga ...
níos mistéirí anois
ná riamh

Cong Forest ...
more mysterious now
than ever

Cnoic Shíofra
deirtear nach ann
dóibh

Sheeffry Hills
folks say
they don't exist

fothrach an Tí Mhóir
leagfadh grág rúcaigh
é

shell of the Big House
a rook's call
would shatter it

a gcuid haiku féin
á scríobh ag an ngiolcach ...
aigne fholamh

reeds writing
their own haiku ...
empty mind

mionaígí sinn
i dtreo is gur neamhní sinn arís –
a chlocha Acla!

pound us
until we are once again nothing –
stones of Achill!

an chuige sin ab ea é
an t-aistear síoraí?
lochán carraige

endless journey ...
was it all for this?
rock pool

an Bhearna Bhán
a rún féin
ní heol di

Barnabaun
a secret
even to itself

tá leathchéad bliain ann
ó chualathas an scairt –
cú-cú! cú-cú!

not heard
in fifty years –
cuckoo! cuckoo!

Coill Shíofra –
ní fios
cé d'ainmnigh thú

Sheeffry Wood –
no one knows
who named you

Mainistir Mhuraisce
glórach tráth le hurnaí –
guth préacháin

Murrisk Abbey
once loud with prayer –
voice of a crow

a bháda!
iompraígí chun na réaltaí iad ...
cuimhní ar an Drochshaol

boats! carry them
away to the stars ...
memories of the Great Hunger

thuirling an tsíoraíocht
ar Ros Bairneach
níor fhág an áit ó shin

eternity descended
on Ross Barnagh
and stayed forever

is gearr uainn an chríoch
a deir na crainn –
Coill Shíofra

the end is nigh
say the trees –
Sheeffry Wood

gobadáin an lae inné
a neamhláithreacht
i ngach aon bhall

sandpipers of yesterday
their absence
everywhere

díríonn an raithneach
ar chríoch aineoil ...
coill i Maigh Eo

ferns
pointing to the unknown ...
a wood in Mayo

Cuan Mó
ann as ...
de shíor

Clew Bay
always appearing ...
disappearing into itself

nílid áit ar bith
táid gach áit ...
Neacha Eile

nowhere
everywhere ...
the Other Ones

Cnoic Shíofra
caoineann crainn
a gcompánaigh a thit

Sheeffry Hills
trees lament
fallen companions

adhmad raice
anam ar fán
thar thafann na dtonn

driftwood
a soul wanders
the barking waves

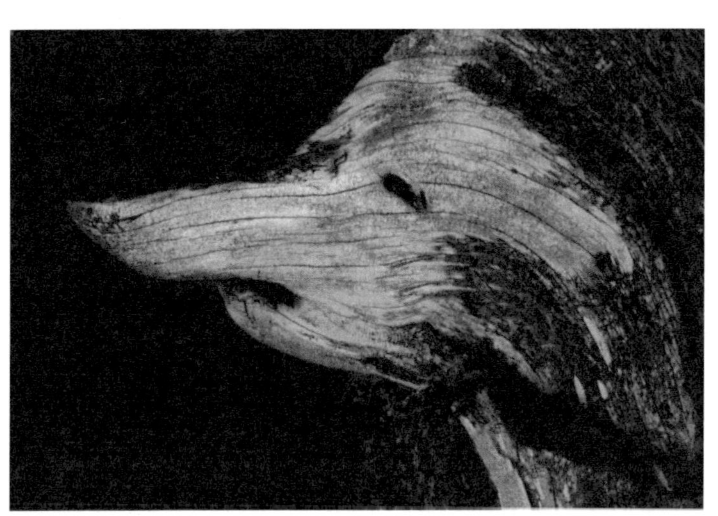

Coill Shíofra
ag féithiú uair amháin eile
ón domhan

Sheeffry Wood
receding once again
from the world

seanfhothrach
níl an ghrian in ann
na clocha a théamh

old ruins
the sun cannot warm
the stones

Cruach Phádraig
oilithrigh nár rugadh fós
ag tnúth led' bharr

Croagh Patrick
pilgrims yet unborn
long for your summit

Ros Bairneach
is a chuid scáileanna
ach tá solas ann nach n-éagann

Rosbarnagh
and its shadows
but there's a light that never dims

Iarfhocal

HAIKU AGUS AIREACHAS

Gabriel Rosenstock

Ní líonadh na haigne is brí le haireachas – tá dóthain inti cheana féin – ach í a fholmhú. An farasbarr a chaitheamh amach. Spás análaithe a thabhairt dúinn féin.

Is san fholús a chónaíonn an suaimhneas aireach. Creideann daoine áirithe go raibh sé riamh ann – an suaimhneas aireach sin – ag fanacht go n-aiseoimis é. Nach fada a thóg sé orainn teacht air!

Bíonn imní ag cur as d'an-chuid daoine, an galar dubhach, strus, ró-smaointeoireacht, smaointeoireacht dhúghafach. Bíonn daoine buartha – agus ní gan chúis – faoin gcogaíocht, athrú aeráide, an bhithéagsúlacht, meath teangacha agus cultúr agus mar sin de. Luaitear aireachas mar uirlis éifeachtach chun déileáil le strus, i measc teicnící eile, ióga, TM, cantaireacht agus a thuilleadh nach iad.

Bíonn daoine imníoch faoi chúrsaí airgid, faoi chaidrimh le daoine eile, faoi seo is faoi siúd. Coinníonn na meáin shóisialta an inchinn agus na céadfaí gafa le hábhair nach bhfuil chomh tábhachtach sin dáiríre ach a bhfuil éileamh acu ar ár gcuid ama mar sin féin. Táimid ar fad san abar. An féidir teacht as?

Más leigheas ar easpa suaimhnis é an t-aireachas, an bhféadfadh fóta-haiku feidhmiú mar ghléas chun aireachas a chothú? An chéad cheist ná cad is haiku ann.

Haiku: Dáinín in aon anáil amháin – ach briseadh beag ann go minic ar a shon san, briseadh nach mbraitear i gcónaí. Scríobhtaí in aon líne ingearach amháin é, í briste ina siollaí 5–7–5.

Lasmuigh den tSeapáin, scríobhtar inniu é i dtrí líne den chuid is mó agus thart ar dhosaen siolla ar fad ann. San fhíorhaiku, nach díreach cumadóireacht spraíúil é, tarlaíonn rud éigin – splanc mhachnamhach – agus an té a dtarlaíonn sé sin dó, báitear é san fheiniméan sin atá tugtha faoi deara aige, i.e scamall ag dul thar ghealach, cuach ag glaoch san uaigneas agus mar sin de. Sampla:

ar ghéag lom
thuirling préachán
tráthnóna fómhair

– Bashō

Is é is fóta-haiku ann ná haiku a chumadh, go spontáineach, haiku a bheadh ag freagairt do ghrianghraf, go háirithe grianghraf mínealaíne dubh is bán a mbeadh an tírdhreach, nó an dúlra, mar ábhar aige. Ní cur síos a dhéanamh ar an ngrianghraf an bhrí atá ag baint le 'ag freagairt' anseo: anam an fhile a fhreagraíonn don ghrianghraf agus ní cur síos loighciúil é an fhreagairt a dhéanann an t-anam, ar ndóigh – ní freagra ar cheist mhatamaiticiúil atá á lorg againn.

I mo chás-sa, is cumadóireacht spontáineach de ghnáth é: ní bhíonn am agam smaoineamh ar rud ar bith ar leith. D'fhéadfadh rud ar bith a bheith san fhreagairt uaim mar sin, fiú má fhéachtar ar an ngrianghraf céanna níos mó ná uair amháin. Toradh éagsúil a bhíonn air i gcónaí.

Má chuidíonn fóta-haiku linn chun an aigne a fholmhú (is é sin le rá, fóta-haiku a dhéanamh, nó a léamh nó a iniúchadh go machnamhach) cá bhfios dúinn cad atá ag tarlú má tá an aigne 'as baile' mar a déarfá. An comhfhios! Bíonn an comhfhios ann i gcónaí, sa chúlra – an chuid sin díot nach bhfuil uisce in ann a fhliuchadh ná tine in ann a dhó. Má tá a fhios againn go bhfuil an comhfhios ann an t-am ar fad, sin is aireachas ann:

ainneoinn na caimiléireachta
an ghrian ag taitneamh
os cionn Bhleá Cliath

Tá rud éigin suaimhneach ann féin i ngrianghraf dubh is bán a ghlactar de ghné éigin den dúlra. Spreagann sé nó dúisíonn sé an ceangal ársa atá againn le huisce, leis an spéir, na crainn, an ghrian, scáileanna, crónán na bhfeithidí. Labhraíonn na nithe sin linn, agus an dúlra ar fad, i dteanga atá dearmadta againn. Déantar an inchinn a athmhúnlú ar chuma éigin chun í a cheangal arís lenár dtimpeallacht shinseartha.

De réir a chéile (nó i bhfaiteadh na súl) éirímid airdeallach. Níl aon ní le sainmhíniú againn níos mó, ná a bheith ag argóint mar gheall air. Is cuid den tírdhreach anois sinn.

Fiú mura rabhamar riamh cheana i gCo. Mhaigh Eo, braithimid ceangal éigin leis an bhfiántas ann, leis an uaigneas atá comónta eadrainn; meallann an áilleacht sinn; tá an áit ag cur thar maoil le fuinneamh drithleach éigin. An drithle a aithint agus freagairt di laistigh de fhráma a osclaíonn amach sa tsíoraíocht: is é sin a bhíonn ar siúl ag an ealaíontoír fóta-haiga.

Ní leis féin a bhíonn an file san obair sin. Tá an grianghrafadóir páirteach ann agus páirteach ann chomh maith tá disciplín agus traidisiún an haiku féin. An té a bheadh báite sa traidisiún sin agus na máistrí móra léite agus athléite aige, beidh na máistrí móra sin lena thaobh, á threorú, gan teip.

Díríonn na grianghraif atá sa leabhar seo ar chuid bheag de chontae amháin in Iarthar na hÉireann, dúiche atá siúlta ag Ron Rosenstock bliain i ndiaidh a chéile. (Bhí tigh aige sa cheantar ar feadh i bhfad). Cruthaíonn an solas in Iarthar na hÉireann atmaisféar speisialta ar thagair filí, mistigh, grianghrafadóirí agus péintéirí go minic dó. (Ceann de leabhair Ron is ea *The Light of Ireland).*

Oscail an leabhar seo agus féach. Tugann an grianghraf cuireadh duit. Féach orm anois, atá á rá ag an ngrianghraf. Tá níos mó ná sin á rá aige, áfach. 'Tar isteach, tar isteach ionam anois', atá á rá aige. 'Tar amach asat féinig agus tar isteach ionamsa!' Bí i do dhúiseacht, bí airdeallach agus tú á dhéanamh sin. Ní haon mhaith é más leath i do chodladh atá tú.

Ná déan iarracht rómhór ach oiread. Tóg go bog é. Agus smaoinigh: ní tusa an duine céanna is a bhí ann leathuair an chloig ó shin. An fealsamh George Gurdjieff (1867–1949) a dúirt an méid sin. Ná glac leis sin – ná glac le rud ar bith uaimse ná ó éinne eile – mura bhfuil a fhios agat féin gur fíor é. Más fíor do Gurdjieff é, de réir do thaithí féin, nach leor sin? Fealsamh eile Nisargadatta Maharaj (1897–1981), ar seisean: 'Doras na saoirse is ea éirim aigne agus airdeall furchaí atá mar mháthair aici.'

Bunchloch an haiku, bunchloch Zen is ea an neamhbhuaine. Ní gá go scanródh an neamhbhuaine sinn más í an fhírinne í. Sea, tá claonadh ionainn cloí le nithe, nithe a charnadh seachas scaoileadh leo. Is ionann aireachas agus scaoileadh le gach aon ní. Is minic an ghrian ag éirí i ngrianghraif Ron, nó ag dul a luí: scaoil léi! Is minic tonn ag ionsaí na trá: scaoil léi!

Aimseoidh tú dúichí rúin i dtírdhreacha Mhaigh Eo agus Ron Rosenstock mar threoraí agat, áiteanna beannaithe, áiteanna folmha. Is féidir an aigne a fholmhú iontu, ár n-ualach smaointe a leagan uainn, ligean don spiorad scíth a ligean ann féin, blaiseadh den suaimhneas atá ag feitheamh linn istigh. Cum do haiku féin chun freagairt do na grianghraif a théann i bhfeidhm ort.

Cén buntáiste a bhainfeadh le bheith aireach? Is duine cruthaitheach é an té atá aireach. Munar duine cruthaitheach ón gcliabhán é, cabhróidh aireachas leis chun a bheith cruthaitheach. Mar a deir an file Ceanadach, Shane Koyczan, 'Má tá do chroí briste, déan saothar ealaíne as na píosaí atá fágtha.'

D'fhéadfadh nithe a tharla dúinn fadó, nithe atá dearmadta againn, cur isteach orainn i gcónaí. Tarraingíonn fóta-haiku isteach san am i láthair sinn, an meandar síoraí mar a thug an smaointeoir Éireannach John Moriarty air.

Aithníonn an mórghrianghrafadóir an nóiméad sin ar a dtugaimid *anois*; ní bheadh soicind roimhe nó ina dhiaidh i gceart. Agus tuigeann an file haiku cad is brí le *anois* chomh maith. Tuiscint an éin chreiche atá acu araon, tuiscint an tsaighdeora don nóiméad ceart sula n-eitlíonn an tsaighead ón tsreang, nuair is ionann a bheith féin-aireach agus aireach ar an timpeallacht.

Mura n-oibríonn fóta-haiku duit, féach an oibreodh haiku leis féin, nó an ghrianghrafadóireacht gan haiku mar thacú léi, ach ná caith i dtraipisí an fóta-haiku gan é a thriail i dtosach. Táimse á chleachtadh le breis is dhá scór bliain anois agus ní éireoinn tuirseach de go deo. Cuireann fóta-haiku i dteagmháil mé le críocha gan teorainn.

Scríobh mé dánta cúig líne (tanka), ar dánta 31 siolla iad, leagtha amach sa seanphatrún 5–7–5–7–7 agus iad ag freagairt do ghrianghraif de chuid Ron: *Daybreak: Poem-Prayers for Prisoners.* Ar shlí, is cimí sinn go léir, níl éinne againn go hiomlán saor. Braithim go mbíonn fóta-haiku agus fóta-tanka ag iarraidh slabhraí an ábharachais a bhriseadh chun go mbeimis in ann maireachtáil gan laincis.

Chum Issa an haiku seo sa bhliain 1810. Comhair na siollaí ann sa tSeapáinis (5–7–5):

toku kasume toku toku kasume hanachi-dori

isteach sa cheo leat
brostaigh leat, brostaigh anois
éan a ligeadh saor

Choimeádas patrún na siollaí (seacht siolla dhéag) sa leagan Gaeilge. Tagraíonn an haiku don nós a bhí acu éan a scaoileadh saor ag sochraid.

Más dírithe ar an am i láthair a bhíonn an haiku, ní hionann sin is a rá nach dtagann cuimhní agus tráma na staire tríd. Ní fhéadfá grianghraif a ghlacadh i gCo Mhaigh Eo gan fothraigh a bheith ann, a mheabhródh an concas duit, an Drochshaol, meath na teanga, cúrsaí imirce agus mar sin de. Tá solas anseo chomh maith, ar ndóigh, solas síoraí, an solas atá ionat féin – léaró dóchais, cinnte, ainneoin na gcomharthaí go léir a chuireann uafás orainn.

D'fhéadfá tuilleadh a fháil amach faoi ealaín an haiku sa leabhar *Haiku, más é do thoil é!* (An Gúm), leabhar a roghnaigh Músaem Litríochta na hÉireann sa tsraith *Leabhair a chuir athrú orainn.* Féach an athróidh haiku tusa faoi mar a d'athraigh sé mise!

– Baile Átha Cliath

Afterword

Haiku and Mindfulness

Gabriel Rosenstock

Mindfulness is not about filling the mind – we have more than enough on our mind – but about emptying it. So many people suffer from anxiety, depression, stress, obsessive thinking and overthinking. People are worried about war, climate change, loss of bio-diversity, loss of linguistic and cultural diversity. There's an overload of anxiety in the world. In their private lives, people worry about relationships, money and so on. Social media and various forms of gadgetry keep the brain overstimulated. We're stuck in a lot of things and we need to become unstuck. Now.

What can photo-haiku do? Can the contemplation of a photo-haiku bring about a state of mindfulness? First, let's try to define a true haiku:

> Haiku: One-breath poetry – often with an imperceptible pause – traditionally seventeen syllables (5–7–5),

now increasingly cultivated outside Japan as a free-style form, usually in three lines. It owes its impact and inspiration to a meditative flash in which the person who experiences the haiku moment merges suddenly with what is perceived.

The art of photo-haiku is to compose a haiku, spontaneously, in response to a sublime work of fine art photography, especially black-and-white landscape photography. In my case, it's usually a spontaneous composition: with no time to think, anything can arise, even when revisiting the same photograph a number of times.

You may ask: if photo-haiku can help us to empty the mind, how can I be aware of the moment if the mind is momentarily absent? Consciousness! You are still a conscious human being. Mindfulness is being aware of consciousness: just that.

So, how does it work? Let the eye wander as you view a photo in this book, taking it all in; then let the eye settle. Let the mind settle. Settle down in yourself. Your mind doesn't have to be active, it doesn't need to think about or describe the particular landscape and all that's in it. We do not need to be sports commentators, describing the games of the mind.

There is something restful in nature photography that gently triggers an age-old connection we have with water, the sky, trees, the sun, shadows. They all speak to us in an ancient, forgotten language and rewire us to our ancestral, natural surroundings. Gradually, we become aware. There is nothing to define, or argue about. We become part of this landscape. We may never have set foot in the wilds of Mayo, but somehow we feel connected, drawn to the beauty and life-fulness of what we see. Brother Sun, Sister Moon! Mindfulness can embrace the whole Universe, all of Creation – in all weathers, fair and foul!

The photographs in this book are just from one small part of one county, in the West of Ireland, revisited year after year by Ron Rosenstock over the course of half a century. How much they reveal! The lingering light of evening in the West of Ireland creates a special atmosphere which poets, painters, mystics and philosophers have often remarked upon. (One of Ron's books is called *The Light of Ireland).*

Emotions are an important component of life but they needn't play a major part in these awareness exercises. In a way, whether the emotion engendered by a photo, or text – or the two combined – is one of joy, thoughtfulness or melancholy, it doesn't really matter. Mindfulness is stilling the mind (and the emotions) with the power of non-judgemental attention. Awareness. This is not some quick fix, some feel-good formula. It's simply looking – and being aware of looking and knowing that you are connected to an inexhaustible well of beauty and inspiration.

Don't try too hard. Relax and allow yourself to absorb these photo-haiku at your own pace. Do it regularly, and you may find yourself observing what's going on around you – and within you – more closely and more appreciatively than ever before. That's good! That's progress. You don't want to go through life without taking in what's really happening around you, and within you. You have a responsibility to yourself to be awake.

The words of a haiku may or may not suit your present mood. Again, it doesn't matter so much. After all, I could respond to the same photograph – and often do – with a totally different haiku. So, what does that say about the mind? About our thoughts and opinions? They are all subject to constant change. So don't attach too much importance to them. What is *real* is the unchanging.

A teacher called Gurdjieff said we are not the same person we were a half an hour ago. Do you believe that? Do you *know* it to be true? Another teacher, Nisargadatta Maharaj, tells us: 'Intelligence is the door to freedom and alert attention is the mother of intelligence.' Contemplating a haiku sharpens the intelligence and polishes the tools of awareness, doubly so when you match a haiku with a sublime example of landscape photography.

Haiku speak over and over again of impermanence, as does photography: where is that bird, that cloud, that leaf? Where have they all gone?

Impermanence needn't fill us with anxiety and apprehension. Mindfulness is awareness, and awareness of impermanence is a key haiku ingredient. I know, we have a tendency to cling to things and not want to let go. Attaining mindfulness means that nothing can undermine our freedom to let go, letting go of our thoughts in a mindful, respectful silence. Do you want to let go? If you really do, I believe you'll succeed.

We're not suggesting that you carry this book around with you all the time, to consult it when you feel the need. As we said above, it's not a quick fix. It's a beautiful and mysterious way to help you encounter the new you, the you that was there all along, before things got messy!

In the landscape images gathered here of County Mayo in the West of Ireland – "far from the madding crowd" – we can discover sacred places, empty places, places where we can empty the mind and lay down our heavy load, a space we can inhabit for a while, where our spirit can rest in itself, and find sublime peace.

We do not allow rubbish to accumulate in our homes. Why should we allow rubbish to accumulate in our brains? Our bodies have natural ways of ridding themselves of waste matter. How do we get rid of unwanted thoughts, of the accumulated rubbish of the mind? By awareness. Any form of meditation can help to do a spring-cleaning of the mind. It's not a luxury: it's a necessity.

Nothing can surpass Nature herself. True. But a master photographer can distill a moment from Nature and frame it for us, as an object of art – and Nature – which draws our focus to it. Not as a fly in amber, or a museum piece. The photographs in this book are alive, imbued with spirit. Connect with that spirit and you will begin to appreciate the calming, balancing effects of mindfulness.

The past can haunt us – a memory, a trauma, even buried memories. Photo-haiku is a wonderful, delightful activity which draws us into the present, the now, what the Irish philosopher John Moriarty called 'the endless instant.'

A great photographer knows when that now is, not a minute sooner, not a minute later, and takes the shot. Similarly, the *haijin* (haiku poet) swoops like a bird of prey, at the right moment, or like the archer when she/he knows when the tension of the bow must be relieved – the target awaits! Mystic mumbo jumbo? No, not at all. All this becomes crystal clear, and obvious, because self-awareness is a natural technique, as old as homo sapiens – older!

And, look – if it doesn't work for you, try something else. Try yoga, or meditation, tai chi, chanting, forest bathing or quigong, supervised by a qualified teacher.

The spirit is boundless. Mindfulness through the activity of writing, reading or even translating photo-haiku brings us in contact with a sense of boundlessness. If the mind is agitated, it is like the ruffled surface of a pond. Focus gently on one of the photos in front of you, and the ruffles die down.

In a book about prisons and prisoners, I matched Ron Rosenstock's heavenly black-and-white images with tanka poems of 31 syllables, in an ancient pattern of 5-7-5-7-7 syllables. That e-book, *Daybreak: Poem-Prayers for Prisoners,* had a sense of breaking the chains that bind us and allowing the spirit to breathe in freedom.

One of the great modern teachers of mindfulness was a Vietnamese monk Thích Nhat Hanh, who said:

> The mind can go in a thousand directions, but on this beautiful path, I walk in peace. With each step, the wind blows. With each step, a flower blooms.

This is the photo-haiku way as well, the way of joyful acceptance, a natural way of appreciating the world, from day to day, from season to season, in all weathers. Photo-haiku can also permit the sorrows of landscape, in a place like Mayo in the West of Ireland, to seep through us and allow us to experience glimpses, or echoes, of history in a contemplative way: remnants and ruins left behind by conquest, or famine, language loss, or forced emigration; the mysteries of time and erosion.

Japan, the cradle of haiku, is also the home of Shinto, a way of life which respects the spirit of place, and the inhabitants who have lived and died in that place over the centuries.

In this selection of photo-haiku, mindfulness can enter your life when you gaze on your favourite photo-haiku. It can open your heart to Nature, to Silence, to Awareness. A photo-haiku that means something special to you can be adopted, so to speak, and be used as a beacon in your life, a talisman. The only magic that is awakened here, however, is the magic you already possess, and you are activating it by becoming more conscious in your everyday life. A photo-haiku of your choice can serve as a reminder that you have decided to live more consciously, conscious of who you are, conscious of others and your surroundings. Conscious of language and how we use it – or languages, as the case may be.

Allow such moments to be special places for you, places where you can grow in the mystery that is at the dynamic heart of a photo-haiku, the mystery and magic of trees, skyscapes and waterscapes. The magic and mystery of light. That light is in you. It always has been there.

We see many parts of the world ravaged by pollution, environmental degradation and the effects of climate change – everything from fires to floods, drought. News media spew their tales of conflict and war, 24/7. A sickening diet. These photo-haiku from Mayo remind us of the beauty and tranquility which are still found in many parts of this battered world.

The last photo-haiku in this collection is a glimpse of a place called Rosbarnagh, in twilight, and a reminder of the eternal light within. *The Light Within* is also the name of a photo-haiku DVD and an endorsement reads as follows: 'The low murmur of the haiku and the entrancing soundscape create the impression that you are within Ron Rosenstock's photographs.' That's what happens to me when I respond to his photos – I'm in there. So, come on in! This merging was described beautifully by grandmaster Bashō, in a haiku about a bird called the warbler:

the warbler
in the bamboo shoot
becomes a bamboo

So, where to go from here? If this book has given you a taste for haiku, the good news is that the world is teeming with haiku. Read the medieval and the modern masters. But you needn't follow the path that I have personally found to be so illuminating and mysterious. Create your own path, a path to beauty, mystery and awareness.

– Baile Átha Cliath/Dublin

About the Author

Gabriel Rosenstock was born in Cill Fhíonáin/Kilfinnane in the Barony of Cois Sléibhe in East Limerick in 1949. His mother Mauyen Keane was from Athenry, County Galway and their farmstead always had a welcome for wandering minstrels, with regular guests including the last of the bards Antaine Raiftearaí. His father, Georg-Friedrich Rosenstock, was a literary man and a medical doctor from Schleswig-Holstein. Gabriel's parents met in occupied Jersey during World War II, where his father was stationed as a doctor in the German army, while his mother was working as a nurse on the island. The pair married in secret in the German town of Jena. His two older brothers Michael and Pascal were born in Germany during the war years and then they all moved to Ireland when the war had concluded. Gabriel was the first of their children to be born in Ireland, followed by Gregory, Raphael and Maureen. Gabriel was sent to prep school Mount Sackville aged 9 as a boarder, thence to Gormanston and, following expulsion, ending up in Rockwell College. Gabriel's first poem was in English, a nativity poem, and it was spotted by a nun who sent it off to a Red Cross magazine which published the 10 year old's masterpiece. It created a sensation among the nuns. Gabriel is a member of Aosdána and is the author/translator of some 300 books.

Faoin Údar

Saolaíodh Gabriel Rosenstock ar an 29ú Meán Fómhair 1949. Is file, fear tanka agus fear haiku é go príomha, sa dá theanga, agus i measc na seánraí eile a mbíonn sé gafa leo tá an t-úrscéal, an aiste, drámaí agus drámaí raidió, litríocht don aos óg agus réimse leathan aistriúchán. Gearmáinis agus Béarla a bhí le cloisteáil sa teach agus é ag éirí aníos. Ach fuair an Ghaeilge greim air ag aois óg.

Arsa Gabriel: 'Bhí focail áirithe i gcaint Chill Fhíonáin nár aithníomar mar fhocail Ghaeilge: *rawking*, cuir i gcás, focail a d'úsáideamar chun goid úll a chur in iúl ('rácáil'). Focal eile a bhí beo ab ea 'fíbín', ar chúis éigin. Cainteoir dúchais, An tSr Celsus a mhúscail mo ghrá don teanga nuair a mhúin sí *Suantraí Brahms* dúinn i nGaeilge Mhúscraí. Blianta ina dhiaidh sin, scríobh sí chugam agus mhol sí an obair go léir a bhí ar siúl agam 'ar son Róisín Dubh'. Bhraitheas im' ridire idéalach ina dhiaidh sin, Don Cíochótae ceart.

Nuair a caitheadh amach as Rinn Mhic Gormain mé, cuireadh chuig teampall rugbaí mé, Carraig an Tobair. Ar scoil chónaithe dom i gCarraig an Tobair, thug an múinteoir Gaeilge Liam Ó Duibhir seantéipthaifeadán isteach sa rang agus d'éisteamar le hamhránaí ar an sean-nós ó Thiobraid Árann agus véarsaí le Liam Dall Ó hIfearnáin á rá aige: 'Ar bhruach na Coille Móire faoi rua-bhrataibh bróin ...' Bhí deora liom, nach mór, ní toisc go rabhas corraithe go smior ag friotal an daill ach ar fhéachaint thart dom ní raibh oiread is duine amháin sa rang a raibh spéis dá laghad aige san amhrán, ná in oidhreacht chultúrtha Thiobraid Árann.'

Further Reading:
Gabriel Rosenstock agus Ron Rosenstock
The Invisible Light (Silver Strand Press, 2012)